D0803254

anything

Cazadores de formas
Las formas en la granja

por Jenny Fretland VanVoorst

Bullfrog Books

Ideas para padres y maestros

Bullfrog Books permite a los niños practicar la lectura de texto informacional desde el nivel principiante. Repeticiones, palabras conocidas y descripciones en las imágenes ayudan a los lectores principiantes.

Antes de leer

- Hablen acerca de las fotografías. ¿Qué representan para ellos?
- Consulten juntos el glosario de fotografías. Lean las palabras y hablen de ellas.

Lean en libro

- "Caminen" a través del libro y observen las fotografías. Deje que el niño haga preguntas. Señale las descripciones en las imágenes.
- Lea el libro al niño, o deje que él o ella lo lea independientemente.

Después de leer

- Inspire a que el niño piense más. Pregunte: ¿Alguna vez has visitado una granja? ¿Qué formas encontraste?

Bullfrog Books are published by Jump!
5357 Penn Avenue South
Minneapolis, MN 55419
www.jumplibrary.com

Copyright © 2016 Jump! International copyright reserved in all countries. No part of this book may be reproduced in any form without written permission from the publisher.

Library of Congress Cataloging-in-Publication Data

Fretland VanVoorst, Jenny, 1972– author.
 [Shapes on the farm. Spanish]
 Las formas en la granja / por Jenny Fretland VanVoorst.
    pages cm. — (Cazadores de formas)
 "Bullfrog Books are published by Jump!."
 Audience: Ages 5–8.
 Audience: Grades K to 3.
 Includes index.
 ISBN 978-1-62031-247-6 (hardcover: alk. paper) —
 ISBN 978-1-62496-334-6 (ebook)
 1. Shapes—Juvenile literature.
 2. Farms—Juvenile literature. I. Title.
 QA445.5.F74718 2016
 516.15—dc23
                                        2015006937

Series Designer: Ellen Huber
Book Designer: Michelle Sonnek
Photo Researcher: Michelle Sonnek
Translator: RAM Translations

Photo Credits: All photos by Shutterstock except: iStock, 6, 14–15; Thinkstock, cover, 5, 17, 22bl, 23bl, 23br.

Printed in the United States of America at Corporate Graphics in North Mankato, Minnesota.

Tabla de contenido

Las formas en la granja

La granja está llena de formas.

¿Cuántas puedes encontrar?

Karla visita la granja de sus abuelos.

¡Mira!

Los campos son cuadrados y rectangulares.

Mira el granero.
Está decorado
con formas.

Diamantes rojos.
Triángulos blancos.

¿Qué forma tiene
la puerta?

Es un rectángulo.

Las cabras se paran
sobre el cuadrado.

Abuelo maneja el tractor.

Cada llanta tiene forma de círculo.

Karla cosecha moras.

Las mete a una cesta.

La cesta tiene forma de círculo.

Abuela hizo queso.

Usó la leche de su vaca.

Le sirve a Karla un triángulo.

¡Mmm!

Este letrero también tiene forma de triángulo.

¡Cuidado con las ovejas!

Abuelo le dibuja
una forma a Karla.

¿Qué forma es?

¿Qué quiere decir?

Más formas en la granja

herradura

óvalo

estrella

círculo

Glosario con fotografías

cabra
Un mamífero
con pezuñas y
cuernos que se
cría para usar
su leche y carne.

granja
Un terreno
utilizado
para cultivar
vegetales o
criar ganado.

granero
Un lugar
utilizado para
almacenar equipo
y animales.

tractor
Un vehículo con
ruedas traseras
grandes que
se utiliza para
transportar equipo.

Índice

Para aprender más

Aprender más es tan fácil como 1, 2, 3.

1) Visite www.factsurfer.com

2) Escriba "lagranja" en la caja de búsqueda.

3) Haga clic en el botón "Surf" para obtener una lista de sitios web.

Con factsurfer.com, más información está a solo un clic de distancia.